Minuscule

Les Mandibules du Bout du Monde

Le grand album du film

Glénat jeunesse

L'hiver arrive dans la forêt. Tous ses habitants se préparent à hiberner pendant cette saison difficile. Tous ? Non : les fourmis noires, elles, cherchent encore à faire des provisions pour la colonie et leur reine. Et il existe justement un garde-manger idéal pour les insectes prévoyants : l'épicerie du village !

À quelques kilomètres de là, la famille des coccinelles rouges rentre s'installer dans un nid douillet : le tronc d'un arbre rassurant. Serrés les uns contre leurs autres, enfants et parents sont prêts à fermer les yeux. Un dernier câlin, et la longue nuit d'hiver va commencer...

À l'épicerie du village, l'heure n'est pas aux rêveries : la horde volontaire des fourmis noires infiltre la boutique en toute discrétion. Une fois le rayonnage des sucreries repéré, les insectes déplacent précautionneusement une planche en bois pour atteindre les boîtes de sucres.

Victoire ! Comme sur un toboggan, les fourmis noires dévalent la pente avec leur butin. Elles ne remarquent pas la menace qui plane sur elles... La colonne d'insectes est sur le point de sortir du magasin lorsque leurs ennemies de toujours, les vicieuses fourmis rouges, les encerclent.

Vive comme l'éclair, la fourmi noire en charge de l'expédition envoie un message de détresse, qui est intercepté dans la forêt par une amie : la coccinelle rouge ! La situation n'est peut-être pas si désespérée...

En attendant de l'aide, il faut échapper aux griffes des fourmis rouges ! Les fourmis noires se séparent : pendant que la chef détourne l'attention des affreuses fourmis rouges, le reste du groupe fuit avec la boîte de sucres.

La fourmi noire trompe ses rivales et les entraîne dans un entrepôt, à l'arrière de la boutique. Là, deux humains manipulent des conserves de châtaignes. Ignorant l'enjeu qui se déroule à leurs pieds, ils déposent sur un tapis roulant les cartons destinés à s'envoler vers des destinations exotiques.

Dans son nid, la coccinelle rouge étudie le message qu'elle a reçu. Elle comprend vite l'urgence de la situation. Son amie a besoin d'aide ! Trop occupé à voler au secours de la fourmi, l'insecte ne remarque pas son fils qui la suit discrètement. De nature curieuse et casse-cou, il est bien décidé à participer à l'aventure lui aussi !

Pendant ce temps, la poursuite continue entre la fourmi noire et la bande des fourmis rouges. La courageuse fourmi noire a atteint une lampe accrochée au plafond et se balance dangereusement dans le vide... Si elle tombe, elle finira écrabouillée !

La coccinelle rouge arrive enfin sur les lieux. Elle aperçoit son amie, suspendue à la lampe ! La bande des fourmis rouges ne tarde pas à encercler leur congénère et menace de la faire tomber. La fourmi noire glisse doucement mais sûrement vers le vide... Elle n'est bientôt plus qu'à un petit millimètre du précipice. Elle s'accroche de ses minuscules pattes au rebord de la lampe. Combien de temps va-t-elle tenir ?

La coccinelle choisit ce moment pour voler à sa hauteur. D'un coup d'ailes précis, elle attrape la fourmi noire de justesse avant que celle-ci ne chute. Ouf ! Les fourmis rouges sont moins chanceuses : elles dérapent les unes après les autres et plongent droit dans un carton de conserves. L'humain le referme et colle l'étiquette « TOKYO » dessus. Bon vent, les fourmis rouges !

Sauvées, la fourmi noire et la coccinelle se mettent à l'abri sur une étagère, d'où elles assistent à une scène terrible... Le fils de la coccinelle rouge a lui aussi glissé dans un carton. Impuissantes, elles voient le volet de la grande boîte se refermer sur l'insecte. Aussitôt étiqueté, le carton est envoyé dans le coffre d'une camionnette. Quelle catastrophe ! Ni une ni deux, la coccinelle s'envole après son petit.

Heureusement, avec ses gros phares jaunes, la camionnette est bien visible dans la nuit. La coccinelle rouge file à toute allure. Bientôt, les étroites routes de montagne laissent place à une autoroute bruyante et la camionnette arrive à destination : l'aéroport. La coccinelle se glisse dans le coffre et communique avec son petit à travers la paroi du carton. Elle le rassure : elle ne l'abandonnera pas !

Le carton est placé sur un tapis roulant qui serpente dans les souterrains de l'aéroport. La coccinelle n'a jamais vu ça ! Dévalant les conduits crasseux, elle peine à suivre le carton qui emporte son fils, et se retrouve antennes contre antennes avec un cafard bien portant. Visiblement, il connaît les lieux comme sa poche. Mais il faut faire vite si la coccinelle veut délivrer son petit !

Le cafard guide la coccinelle jusqu'au tarmac, là où se trouvent les avions. Très impressionnée par les immenses engins, la coccinelle en oublie presque de remercier son précieux guide. Elle repère le carton qui est entreposé à l'arrière de l'appareil. La coccinelle évite bus et panneaux de signalisation sur le tarmac. Elle réussit à grimper dans l'un des trains d'atterrissage. Il était moins une !
Elle se pose sur le carton de son fils et, épuisée, s'endort dessus. Même si elles sont séparées, les deux coccinelles partent dans la même direction... Quel monde mystérieux vont-elles découvrir ?

Le soleil brille haut dans le ciel lorsque l'avion se pose sur le sol brûlant. Les feuilles des cocotiers se balancent au gré du vent et la mer est agitée. Mais où les minuscules insectes ont-ils atterri ? La lourde porte de la carlingue s'ouvre enfin : la coccinelle rouge est aveuglée par la lumière. Ils sont en Guadeloupe !

Une main s'empare du carton et le place à l'arrière d'une vieille Jeep. Après un démarrage retentissant, la voiture file à travers les routes sinueuses. Au détour d'un virage particulièrement serré, la coccinelle, qui s'accroche pourtant de toutes ses forces au carton, tombe par-dessus bord. Sonnée, elle atterrit sur une plage de sable blanc. La Jeep continue son chemin à toute vitesse et disparaît au loin...

La coccinelle a perdu la trace de son fils ! À moins que ces étranges créatures orange qui s'approchent d'elle puissent l'aider ? Les crabes aux yeux globuleux ne la regardent même pas et passent leur chemin de leur démarche maladroite.

Un peu plus loin, la coccinelle observe les touristes qui bronzent sur la plage. Ils n'ont visiblement pas vu le panneau indiquant que la plage est infestée de chenilles urticantes. Si l'un de ces humains se fait piquer, il risque de passer un sale quart d'heure !

Au loin, la coccinelle remarque alors des silhouettes familières : mais oui, ce sont des fourmis ! Et si elle leur demandait un petit service ? Entre insectes, on peut s'entraider, non ?

La fourmi antillaise accepte de bon cœur de donner un coup de patte à la coccinelle rouge. À l'aide de ses antennes, elle envoie l'appel au secours à travers les airs... Le message passe de relais en relais. Il est intercepté par une fourmi sur un voilier, puis par une autre dans un sous-marin et par une fourmi sur la Grande Muraille de Chine, avant d'atteindre la fourmilière de la fourmi noire. Quel exploit ! Sans hésiter, celle-ci se précipite chez l'araignée, ce génie qui sait tout fabriquer.

Une fois l'appel au secours localisé, la fourmi et l'araignée embarquent à bord d'un navire en bois auquel elles ont fixé de grands ballons pour voler dans les airs. En route pour la Guadeloupe !

À des milliers de kilomètres de là, la petite coccinelle a réussi à se libérer du carton. Tout en semant des gaz odorants pour permettre à son père de la retrouver, elle arrive à l'orée de la forêt tropicale. Quel endroit fascinant ! Partout, la végétation est luxuriante et sauvage. Les animaux sont étonnants : il y a des phasmes, ces drôles d'insectes qui ressemblent à des branches d'arbre, des sauterelles feuilles ou encore des moustiques tigres... et, surtout, de magnifiques plantes rouges. Intriguée, la petite coccinelle s'en approche...

Clap ! Cette jolie fleur est une plante carnivore... et elle vient de l'avaler ! Pourtant le petit ne se laisse pas faire. Il s'agite dans tous les sens ! Épuisée par cet intrus remuant, la plante le recrache aussi sec. Fière de son stratagème, la petite coccinelle s'éloigne en paradant... mais sans regarder devant elle ! Brusquement, elle heurte un gros rocher et tombe au fond d'une crevasse, où elle finit sa chute collée à une toile d'araignée...

Trois autres insectes sont prisonniers de la toile : une petite chenille verte dodue, une mouche et une ravissante coccinelle noire à pois rouges. La coccinelle rouge a beau se débattre, rien n'y fait, la toile lui colle aux ailes et aux pattes. Elle finit par attirer l'attention de l'araignée poilue qui se dirige vers ses proies... C'est ce moment-là que choisit le père de la petite coccinelle, qui a retrouvé sa trace, pour jeter une énorme pierre sur l'araignée vorace.

Le caillou déchire la toile, libérant les insectes, qui tombent plus bas. Cette chute vertigineuse assomme la petite coccinelle rouge. Avec l'aide de la petite coccinelle noire, la coccinelle rouge sort son fils de la crevasse, suivi de la mouche, et débouche sur une plage paisible. Au moment de se séparer, les insectes réalisent qu'il manque un prisonnier : la chenille dodue ! Sans hésiter, les deux coccinelles encore vaillantes se précipitent dans la grotte, empêchant l'araignée d'en faire son repas. C'était moins une !

Les rescapés se retrouvent sur la plage et remercient la coccinelle rouge. Timidement, la petite coccinelle noire invite le père et son fils dans son nid.

Les invités sont accueillis chaleureusement dans la colonie des coccinelles noires. Le clan s'empresse de mettre le malade au chaud et de lui préparer un traitement pour qu'il guérisse.

Toujours inconsciente, la petite coccinelle rouge ne se rend compte ni des baumes aux fleurs douces ni des chants relaxants que lui prodigue l'attentionnée coccinelle noire. Pendant ce temps, le père découvre le nid exotique de la colonie et la plage magnifique sur laquelle il est installé.

Après plusieurs jours, le malade se réveille enfin. Dès qu'il aperçoit la coccinelle noire qui veille près de lui, c'est le coup de foudre !

Un autre coup de foudre vient de s'abattre... cette fois, sur la fragile embarcation pilotée par l'araignée et la fourmi noire ! Une tempête s'est levée et le ciel est déchaîné. Le vent souffle sur le navire volant et les deux insectes doivent s'accrocher au bastingage pour ne pas tomber. Après une violente bourrasque, le bateau plonge vers l'océan, et coule à pic ! Il termine dans le ventre d'un requin.

La situation semble désespérée pour la fourmi et son amie...
Jamais à court d'idées, la malicieuse araignée a peut-être la solution : grâce à ses talents de bricoleuse, elle fait résonner une musique assourdissante qui emplit bientôt le ventre du poisson. C'en est trop pour lui : il recrache immédiatement ces intrus si bruyants !
La frêle embarcation jaillit de l'eau et reprend sa route.

Dans la colonie des coccinelles noires, l'heure est aux retrouvailles pour la coccinelle rouge et son fils. Soulagé, le père coule des journées paisibles sous les cocotiers. Les deux jeunes insectes, eux, font des balades sur la plage, explorent l'île paradisiaque et se régalent de mets exotiques...

Toutefois, au bout de quelque temps, la coccinelle rouge réalise que sa famille lui manque terriblement. Serait-il temps de rentrer à la maison ? L'insecte ne peut réfléchir à son possible retour : un matin, l'arbre qui abrite le nid est agité par de violentes secousses. La colonie se réveille en sursaut ! Que peut-il bien se passer ?

Sur la plage, des humains déracinent des arbres et dégagent le sable... Ils dévastent les lieux pour y construire un hôtel ! Comment éviter cette tragédie ? Fouillant dans sa mémoire, la coccinelle rouge se souvient alors du panneau qui indiquait la présence dangereuse de chenilles urticantes...

Et si ces petites bêtes étaient la solution ? Intimant l'ordre à son fils de rester à l'abri, elle file en direction de l'arbre qui loge la colonie des chenilles. Le chemin pour atteindre leur refuge traverse la jungle grouillante de dangers, mais la coccinelle n'a pas peur. Seules les chenilles peuvent empêcher la destruction du nid des coccinelles...

En pleine forêt tropicale, la coccinelle rouge cherche son chemin, lorsqu'elle entend l'appel au secours strident de son fils. Inquiète, elle fait demi-tour et fonce tout droit dans le piège tendu par un animal aux yeux hypnotiques. C'est une mante religieuse qui a imité le cri de son petit !

Au moment où la prédatrice s'apprête à poser ses pattes crochues sur la coccinelle, son fils arrive en trombe et la libère en un instant ! Cette fois-ci, il a bien fait de désobéir à son père ! Mais la mante religieuse n'a pas dit son dernier mot. Elle reprend rapidement ses esprits et prend en chasse les deux coccinelles.

Arrivés au bord d'une falaise qui donne sur la mer, les deux insectes sont à présent encerclés par une horde de mantes religieuses affamées... La situation est critique : les coccinelles ne peuvent ni avancer ni reculer. Mais, surprise ! Qui surgit à bord d'un improbable bateau volant ? L'araignée et la fourmi noire, bien sûr !

Sans demander leur reste, les coccinelles sautent à bord de l'embarcation. Réalisant le danger imminent, l'araignée allume les pétards qui servent de propulseurs et le bateau disparaît dans un grand nuage de fumée. Sur la falaise, les mantes religieuses sont hypnotisées par ce spectacle incongru et ne pensent même pas à poursuivre ces drôles d'insectes !

Direction l'arbre des chenilles ! Au fur et à mesure qu'ils avancent dans la forêt tropicale, le paysage s'obscurcit, la végétation se densifie. La petite bande réalise qu'elle entre sur un nouveau territoire... mais est-elle la bienvenue ?

Les insectes atteignent enfin le cœur de l'arbre. Une épaisse brume les entoure. Peu à peu, ils comprennent qu'ils pénètrent dans une sorte de cocon géant fabriqué par les chenilles. Celles-ci se sont justement rassemblées pour accueillir les visiteurs. Très impressionnée, la coccinelle rouge descend seule du bateau pour communiquer avec ses hôtes. L'araignée, la petite coccinelle et la fourmi noire, elles, restent à l'abri dans l'embarcation.

On ne peut pas dire que l'accueil des chenilles soit chaleureux ! La coccinelle rouge est inquiète : va-t-elle réussir à obtenir de l'aide ? Heureusement, une chenille dodue s'approche. C'est la petite chenille qui était prisonnière de la toile de l'araignée !

Elle rassure sa famille avant d'accompagner la coccinelle auprès de leur reine. Tel un sage énigmatique, la souveraine tend ses antennes vers celles de la coccinelle. En quelques secondes, elle lit dans ses pensées et décide de l'aider. Les chenilles de l'île ne laisseront pas les humains détruire leur plage !

Aussitôt, une colonie de chenilles urticantes se met en marche à travers la forêt. Bientôt, les insectes envahissent la plage où ont lieu les travaux. Sans se méfier, les ouvriers continuent leur travail et saccagent ce qui les entoure. Tout à coup, le chef du chantier se met à se gratter le bras : aurait-il effleuré une chenille ?

Petit à petit, la plage résonne des cris poussés par les humains couverts de boutons. Hourra ! Les chenilles ont rempli leur mission et les ouvriers désertent les lieux. Un panneau interdisant l'accès à la plage est planté dans le sable. Le nid des coccinelles noires est sauvé !

Pour les coccinelles rouges, l'heure du grand départ a sonné. Une à une, les coccinelles noires leur disent au revoir. Les adieux sont émouvants... surtout pour les deux amoureux.

Emportant à son bord les insectes, le navire décolle tout doucement. En souvenir, les coccinelles noires ont offert une grosse noix de coco à l'équipage. Le fruit trône au milieu du bateau et leur permettra de se régaler pendant la longue traversée. Un dernier coup d'œil en arrière, et la plage devient un point de plus en plus petit...

La petite coccinelle rouge est inconsolable. Elle a tellement envie de rester auprès de son amoureuse sur cette île paradisiaque ! Pour le père, c'est peut-être le moment de laisser son fils voler de ses propres ailes ? Après tout, il n'est plus si petit et sait se débrouiller seul : il l'a prouvé de nombreuses fois lors de leur voyage... Antennes contre antennes, père et fils se disent adieu tendrement. Puis, folle de joie, la petite coccinelle part retrouver sa nouvelle famille !

Sur le bateau, l'araignée, la fourmi noire et la coccinelle rouge contemplent le lever de la Lune. Le chemin du retour est encore long, mais ils viennent de vivre une aventure inoubliable... Quelle sera la prochaine ?

UN FILM DE THOMAS SZABO ET HÉLÈNE GIRAUD
PRODUIT PAR PHILIPPE DELARUE UNE PRODUCTION FUTURIKON FILMS MUSIQUE ORIGINALE DE MATHIEU LAMBOLEY
EN COPRODUCTION AVEC IFILMFILM - FRANCE 3 CINEMA COPRODUCTEURS ZHOU TIANXIANG - SHANG XUEMEI PRODUCTEURS ASSOCIÉS CHRISTOPHE FEVRIER - LAURENT RAMAMONJIARISOA - GUILLAUME ROY
AVEC LA PARTICIPATION DE LE PACTE ET EDITIONS MONTPARNASSE - CANAL+ - FRANCE TÉLÉVISIONS - OCS STUDIOS D'ANIMATION THE YARD - SUPAMONKS - FUTURIKON EN ASSOCIATION AVEC B MEDIA 2013 - B MEDIA 2014 - SOFITVCINE 3
AVEC LE SOUTIEN DU CNC - DE LA RÉGION GUADELOUPE - LA RÉGION ILE-DE-FRANCE - LA RÉGION PROVENCE-ALPES-CÔTE D'AZUR EN PARTENARIAT AVEC LE CNC- LE DÉPARTEMENT DES ALPES-MARITIMES EN PARTENARIAT AVEC LE CNC
VENTES INTERNATIONALES FUTURIKON ÉDITION MUSICALE FUTURIKON FILMS ET BMG RIGHTS MANAGEMENT FRANCE

Retrouve Minuscule sur et ainsi que sur le site officiel : www.minuscule.com

Glénat jeunesse

Auteur : Maya Saenz
Maquette : Nicolas Galy pour NoOok
Loi n°49956 du 16 juillet 1949 sur les publications destinées à la jeunesse.

Dépôt légal : janvier 2019
Achevé d'imprimer en France en décembre 2018 par Pollina, 87687,
sur papier provenant de forêts gérées de manière durable.

PEFC 10-31-2065 / Certifié PEFC / pefc-france.org

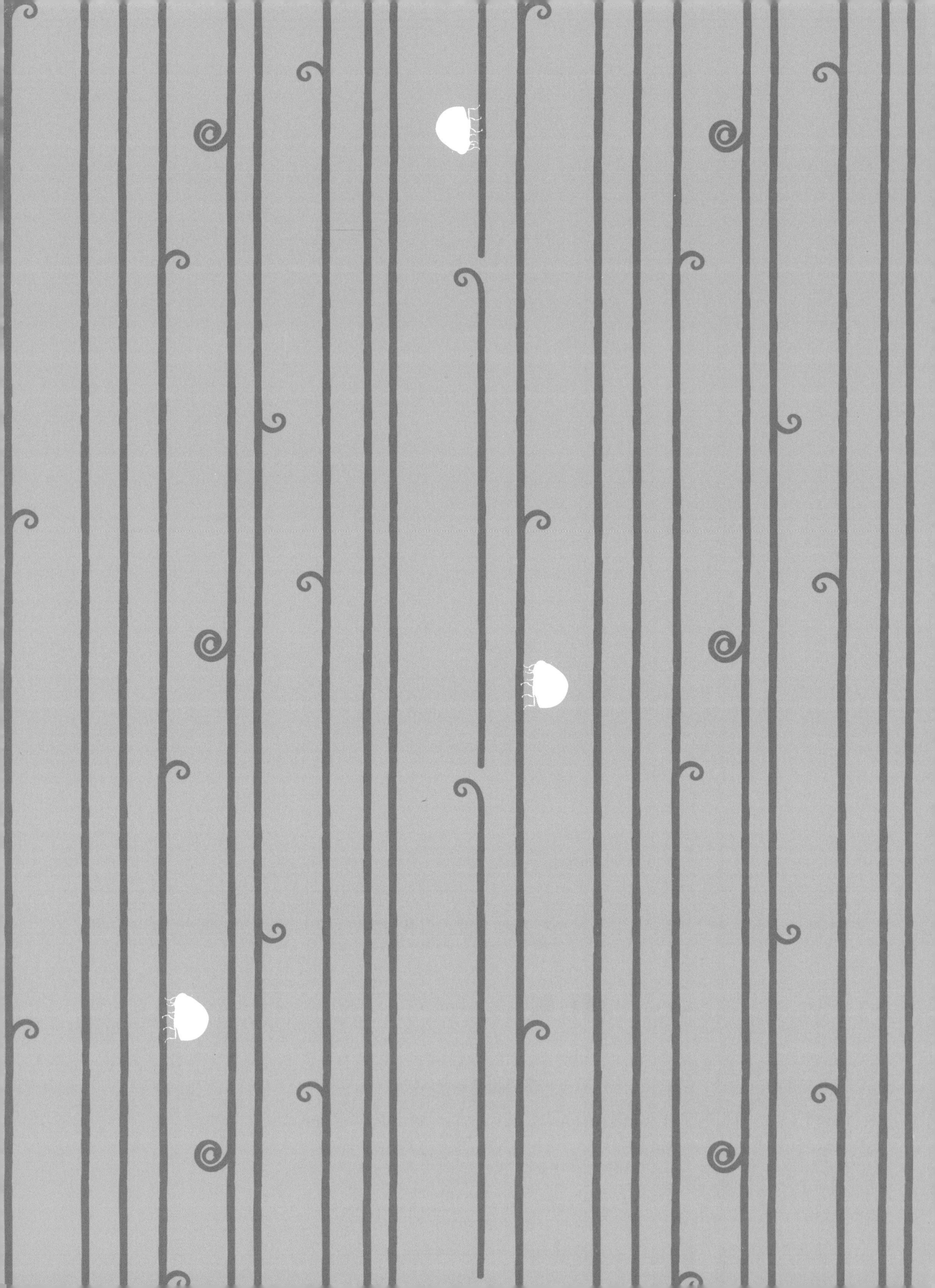